NATIONAL GEOGRAPHIC
School Publishing

Exploración

Ashley Hewitt

PICTURE CREDITS

Cover, 4 (left), 8 (left), 21 (right), NASA; 1, 4 (right below), 5 (below),15 (left), 20 (right), Getty Images; 2, 6, 7 (left), 10, 12, 13 (below), 14, 17, 20 (left), 21 (left) Photolibrary.com; 4 (right above), Carsten Peter/National Geographic Image Collection; 5 (above), 11, 13 (above), 16 (left), 19 (left) APL/Corbis; 18 (left) Newspix; 7 (right) Jim Webb; 11, 15, 19 (right) Michael Nichols.

Produced through the worldwide resources of the National Geographic Society, John M. Fahey, Jr., President and Chief Executive Officer; Gilbert M. Grosvenor, Chairman of the Board.

PREPARED BY NATIONAL GEOGRAPHIC SCHOOL PUBLISHING

Steve Mico, Executive Vice President and Publisher, Children's Books and Education Publishing Group; Marianne Hiland, Editor in Chief; Lynnette Brent, Executive Editor; Michael Murphy and Barbara Wood, Senior Editors; Nicole Rouse, Editor; Bea Jackson, Design Director; David Dumo, Art Director; Shanin Glenn, Designer; Margaret Sidlosky, Illustrations Director; Matt Wascavage, Manager of Publishing Services; Sean Philpotts, Production Manager.

SPANISH LANGUAGE VERSION PREPARED BY NATIONAL GEOGRAPHIC SCHOOL PUBLISHING GROUP

Sheron Long, CEO; Sam Gesumaria, President; Fran Downey, Vice President and Publisher; Margaret Sidlosky, Director of Design and Illustrations; Paul Osborn, Senior Editor; Sean Philpotts, Project Manager; Lisa Pergolizzi, Production Manager.

MANUFACTURING AND QUALITY MANAGEMENT

Christopher A. Liedel, Chief Financial Officer; George Bounelis, Vice President; Clifton M. Brown III, Director.

BOOK DEVELOPMENT

Ibis for Kids Australia Pty Limited.

SPANISH LANGUAGE TRANSLATION

Tatiana Acosta/Guillermo Gutiérrez

SPANISH LANGUAGE BOOK DEVELOPMENT

Navta Associates, Inc.

Published by the National Geographic Society
Washington, D.C. 20036-4688

ISBN: 978-0-7362-3873-1

Printed in the U.S.A.

2 3 4 5 6 7 8 9 10 19 18 17 16 15 14 13

Contenido

Pensar y conversar

¿Qué hacen los exploradores? ¿Qué factores contribuyen al éxito de una expedición?

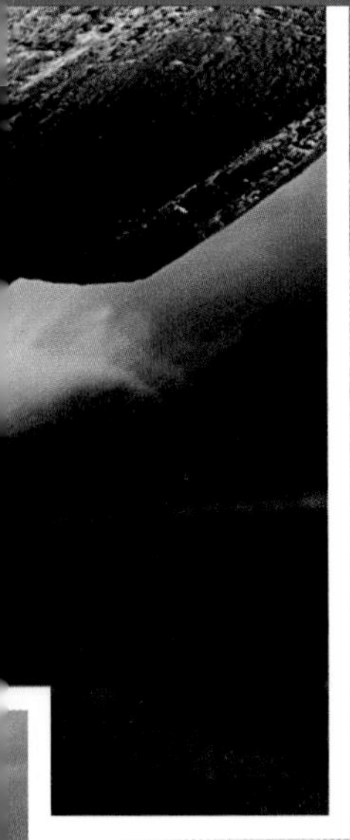

Exploración y descubrimientos

Los **exploradores** viajan a muchos lugares diferentes. Es posible que no sepan demasiado de esos lugares. Algunos de esos lugares están muy lejos. Los exploradores **descubren** cosas nuevas sobre nuestro mundo.

Este explorador está en la Antártida. Exploradores procedentes de todo el mundo viajan a la Antártida para conocer mejor este lugar frío y lejano.

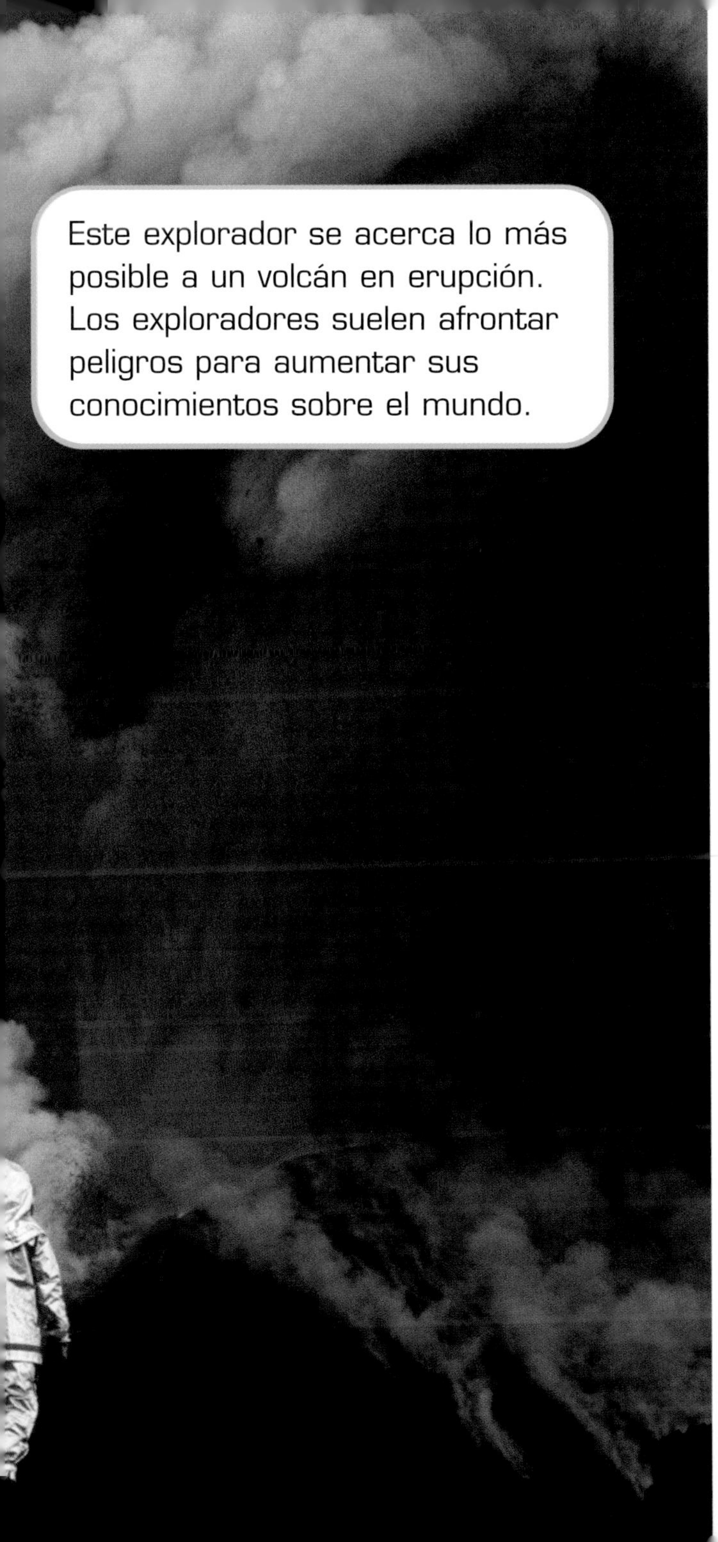

Este explorador se acerca lo más posible a un volcán en erupción. Los exploradores suelen afrontar peligros para aumentar sus conocimientos sobre el mundo.

Conozcamos a Mike Fay

Mike Fay es un explorador. En 1999, dirigió una expedición que atravesó selvas y pantanos en África central. Llamó a su expedición la *Megatransect.* Fay recorrió 1,200 millas en 15 meses y logró hacer descubrimientos sobre el medio ambiente y la vida salvaje.

Equipados para sobrevivir

Los exploradores se enfrentan a muchos **desafíos.** Explorar puede ser una actividad peligrosa. Los exploradores necesitan tener la ropa, el **material** y los medios de transporte adecuados para **sobrevivir.**

El traje espacial de este astronauta le permite respirar y comunicarse. También mantiene al astronauta bien sujeto a la nave espacial.

Los exploradores de la Antártida transportan el material y las provisiones en trineos y motos de nieve.

Algunos exploradores submarinos llevan unos trajes de buceo especiales. Estos trajes les permiten respirar y moverse en aguas muy profundas.

Durante una **expedición,** los exploradores necesitan alimentos y agua para sobrevivir. También necesitan un lugar que sirva de **refugio.**

Los miembros de una expedición a la Antártida usan tiendas para resguardarse.

Estos alimentos viajarán al espacio. En un transbordador espacial no hay refrigerador. Es necesario poner la comida en paquetes especiales para que no se estropee.

Los exploradores necesitan unas cocinas especiales que se puedan transportar con facilidad.

Las necesidades de Mike Fay

Mike Fay utilizó un teléfono por satélite para comunicarse con el equipo de apoyo. El equipo de apoyo se aseguraba de que hubiera comida y agua potable en los puntos de abastecimiento. Los miembros de la expedición comían alimentos como pescado enlatado, frutos secos y galletas.

Orientación

Los exploradores suelen **explorar** lugares lejanos. Para orientarse, utilizan instrumentos especiales.

Los exploradores usan mapas y brújulas para orientarse.

Un miembro de una expedición consulta un mapa mientras vuela sobre Siberia, en Rusia.

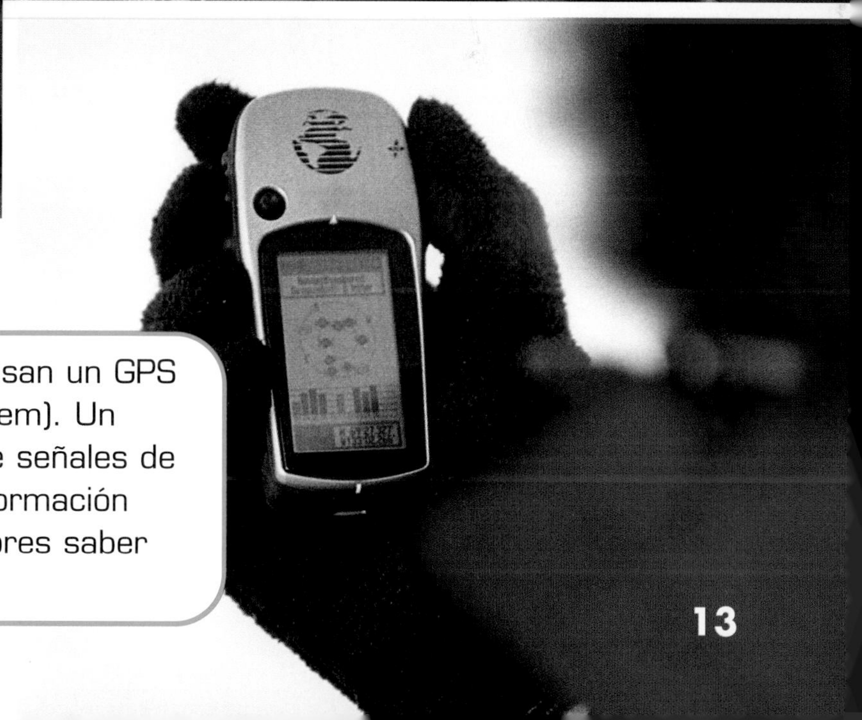

Algunos exploradores usan un GPS (Global Positioning System). Un receptor de GPS recibe señales de unos satélites. Esta información permite a los exploradores saber dónde se encuentran.

Trabajo en equipo

Para tener éxito, una expedición necesita trabajar en equipo. Los miembros de un **equipo** tienen diferentes responsabilidades. Cada uno depende del trabajo de los demás.

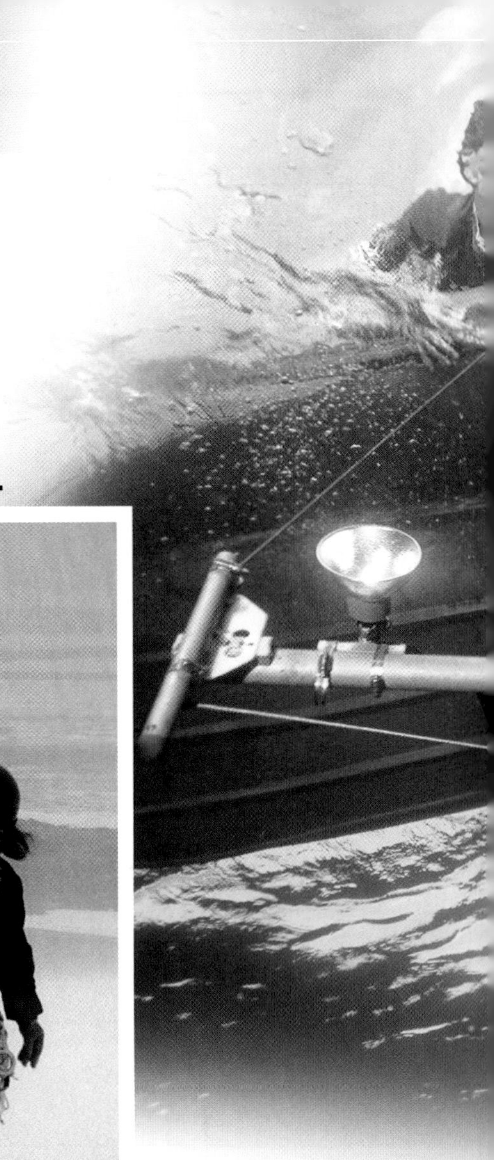

Unos exploradores de la Antártida avanzan unidos por una cuerda. La cuerda impide que alguno se pierda o caiga en un profundo agujero.

Los exploradores submarinos suelen trabajar con un equipo que permanece en la embarcación. El equipo se encarga de la seguridad del explorador y del suministro de oxígeno.

El equipo de Mike Fay

Mike Fay viajaba con un equipo. Los miembros del equipo tenían diferentes trabajos. Algunos abrían camino por la selva. Pigmeos baka y bantúes se encargaban de la orientación. Un científico estudiaba plantas y árboles, y un fotógrafo tomaba fotografías. Otras muchas personas se encargaban de apoyar al equipo.

Recogida de información

El objetivo de muchas expediciones es recoger información. Los exploradores usan instrumentos y materiales para recoger información en el espacio, en el agua y en tierra.

Un astronauta filma desde la ventana de un transbordador espacial. Capta imágenes de diferentes áreas de la Tierra.

Un buzo recoge muestras de esponjas en el océano Índico.

Un científico toma muestras de madera fosilizada en la Antártida.

Difusión de información

Los exploradores difunden la información que descubren en sus expediciones. Los exploradores pueden contribuir a que todos conozcamos mejor nuestro mundo.

Esta astronauta da una charla sobre la exploración del espacio. Detrás de ella hay una fotografía del transbordador espacial.

Las cosas que los exploradores encuentran, como esta roca lunar, se exhiben en museos. Los visitantes pueden verlas y ampliar sus conocimientos.

Enseñanzas de Mike Fay

En su expedición, Mike Fay descubrió que era necesario proteger el medio ambiente de África central, y se dedicó a difundir esta información a muchas personas, incluyendo al presidente de Gabón, un país africano. Desde la reunión de Mike Fay con el presidente, Gabón ha establecido 13 nuevos parques nacionales para la protección del medio ambiente y de la vida salvaje.

Usar lo que aprendieron

Imaginen que son miembros de una expedición. Conversen sobre lo que necesitan y sobre lo que van a hacer.

descubrir

equipo

expedición

explorador/a

explorar

material

sobrevivir

Glosario

desafío (página 8)
Algo que es difícil de hacer
Los exploradores se enfrentan a muchos desafíos.

CONCEPTO CLAVE

descubrir (página 6)
Encontrar o conocer algo por primera vez
Los exploradores descubren cosas nuevas sobre nuestro mundo.

CONCEPTO CLAVE

equipo (página 14)
Grupo de personas que trabajan juntas
Cada miembro de un equipo tiene un trabajo diferente.

CONCEPTO CLAVE

expedición (página 10)
Viaje de exploración
Los exploradores hacen expediciones.

CONCEPTO CLAVE

explorador/a (página 6)
Persona que viaja para descubrir algo
Mike Fay es un explorador.

explorar (página 12)
Viajar a lugares poco conocidos para descubrir algo
Los astronautas exploran el espacio.

CONCEPTO CLAVE

material (página 8)
Cosas que se necesitan para un propósito determinado
Un buzo necesita material especial, como un traje de inmersión.

CONCEPTO CLAVE

refugio (página 10)
Lugar donde nos podemos resguardar del mal tiempo y de un peligro
Los exploradores de la Antártida usan tiendas de campaña como refugio.

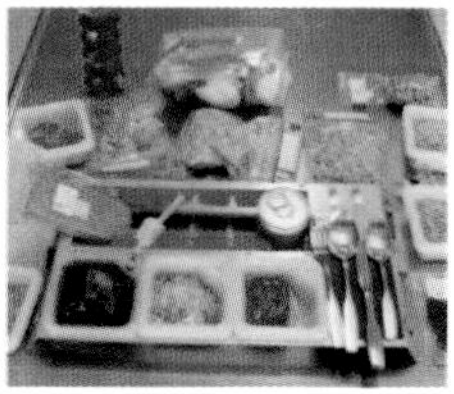

sobrevivir (página 8)
Seguir vivo
Para sobrevivir, los exploradores necesitan comida y agua.

CONCEPTO CLAVE

Índice